DE LA SERIE

"ROMPIENDO ESTADISTICAS"

"ME RESISTO A CAER"

DEDICATORIA

De mi libro: Rompiendo Estadísticas Una
Promesa Cumplida.

Este libro lo dedico primero a todas
aquellas personas que ya no están con
nosotros porque perdieron la batalla contra
esta enfermedad llamada cáncer, pero igual
lucharon hasta el último momento de sus
días y a sus familiares que seguramente que
hasta el día de hoy los recuerden por todas
sus memorias vividas con ellos.

También lo dedico a sus amistades que los
apoyaron con detalles de amor, con sus
oraciones, con sus finanzas, con su tiempo y
aquellas personas que sin conocerlos
levantaron una oración, una plegaria a favor
del bienestar para cada uno de ellos.

Lo dedico para los que hemos recibido la noticia de ser llamados sobrevivientes del cáncer, y a los que aún estamos en remisión por la desaparición de los signos y los síntomas del cáncer, pero no necesariamente del cáncer por completo, porque desafortunadamente aún estamos en el campo de batalla y con los efectos de las quimioterapias y los medicamentos que se recibieron.

A los que hemos vivido el metastásico. La metástasis es el proceso de propagación de un foco cancerígeno a un órgano distinto de aquel en que se inició, Ocurre generalmente por vía sanguínea o linfática. Aproximadamente el 92% de las muertes por canceres no detectados se debe a la metastatizar de estos.

Para aquellas personas que nunca han recibido un diagnóstico de cáncer. Pero hoy te invito a que tomes conciencia para que te examines, no pierdes nada y si puedes ganarle la batalla a esta enfermedad llamada cáncer un diagnóstico temprano salva vidas y te evita tomar este viaje que puede llegar a ser tan duro para ti y. para todo tu entorno porque todos sufren en este viaji tan doloroso, que en ocasiones es sin retorno.

Especialmente para familiares, amistades que perdieron a un ser amado en este viaje llamado cáncer y aún están viviendo el dolor de su partida. Aceptando que el duelo puede desencadenar muchas emociones diferentes e inesperadas. Entendiendo que el proceso del duelo será único para ustedes. Buscando el apoyo cara a cara de las personas que se preocupan por ustedes. Apoyándose emocionalmente y cuidándose físicamente.

El Señor sostiene a los caídos y levanta a los que están agobiados por sus cargas. Salmos 145:14.

AGRADECIMIENTOS

Quiero agradecer a mi esposo, a mis hijos, a mi familia y amistades por motivarme a seguir escribiendo.

Al pastor Dr. Ben Sánchez y pastora Irma Sánchez por su apoyo y cariño al ayudarme con mis libros creando y diseñando las portadas y a Nicole Duarte gracias por tu apoyo a todos y a cada uno que siguen siendo parte de mi vida. Muchas gracias.

RECONOCIMIENTOS

POR USTEDES Y PARA

USTEDES

"ME RESISTO A CAER"

En el ascenso de este conmovedor libro de historias de supervivientes de cáncer de seno, te emergirás en un mundo de intrepidez y determinación. Cada página está impregnada de la valentía y precisión de personas extraordinarias que han enfrentado la adversidad con gracia, coraje y fortaleza. Desde el impactante momento del diagnóstico hasta las etapas de los tratamientos y recuperación, estas vivencias te ofrecen una visión íntima de sus luchas y victorias personales. Descubrirás cómo el apoyo, el amor y atencion de seres queridos, la búsqueda incansable de la verdad y la fe inquebrantable se convierten en faros de esperanza en medio de la turbulencia del cáncer de seno. Este libro te inspirará y recordará que, incluso en los momentos más oscuros, el espíritu humano puede brillar con una luz inextinguible. Cada página es un testimonio de la resiliencia humana y un recordatorio de que la vida después del cáncer comienza para ser una celebración de la supervivencia y la alegría.

Gracias a Clara por ser una inspiración de fe y por permitirme narrar su historia.

Gracias a Karen por su resistencia en vencer esta enfermedad llamada cáncer.

Gracias a Gaby por cuidar de su cuerpo y espíritu y ser una victoriosa.

Gracias a Aníbal porque por este proceso que paso se dio cuenta por qué existe e hizo cambios de vida. Gracias a Perla porque no importando todo el dolor que sufrió por el abandono supo perdonar.

Gracias a +Tita+ porque desde que la conocí en el año 2014 siempre fue una guerrera luchando contra esta enfermedad llamada cáncer fue una inspiración y motivación a mi vida y a aumentar mi fe y no dejarme vencer siempre te recordare y te amare profundamente porque fuiste

"UNA GUERRERA HASTA EL ULTIMO SUSPIRO".

Gracias a Ada porque contra toda adversidad que se le presento en la vida nunca dejo de creerle a Dios y venció el cáncer.

Gracias a Cynthia porque a pesar de ser una joven de 26 años venció la depresión y se "resistió a caer "en las estadísticas de muertes por esta enfermedad llamada cáncer.

Así mismo, en nuestra debilidad El Espíritu acude a ayudarnos. No sabemos que pedir, pero El Espíritu mismo intercede por nosotros con gemidos que no pueden expresarse con palabras. Romanos 8:26 NVI

PROLOGO

Atraves de estas líneas nuevamente quiero y deseo abrirte mi corazón Y expresarte mi agradecimiento por ser un fiel lector de mis libros y mis vivencias aprendidas atreves de este viaje que sin nuestro permiso nos aborda a este avión que como te lo dije en mi primer libro. "Rompiendo Estadísticas".

No sabemos cómo será el vuelo si habrá turbulencias leves, moderadas, fuertes o que tan desesperantes serán, si estemos preparados o si sabremos como manejar la situación al usar las máscaras de oxígeno, o si podremos atendernos a nosotras mismas, o con que sorpresas desagradables nos enfrentaremos como pudiese ser un secuestro.

Esta palabra secuestro significa Retener indebidamente a una persona y la perdida de nuestra libertad que así es como nos sentimos que alguien nos acaba de secuestrar para perder nuestra libertad.

Que no podemos opinar ni tenemos derecho a opinar ni a decidir, porque no sabemos que es lo que va a demandar de nosotros, o si en ese instante nos quitara la vida o en el proceso de la negociación con el cáncer nos ira dañando o quitando partes de nuestro cuerpo o solamente las deteriora.

O entraremos en ansiedad o nos quedaremos con la sensación permanente de miedo, de desosiego, de impotencia cómo la depresión u otra serie de alteraciones psicológicas que van aumentando al pasar del momento sin contar el desgaste de nuestra salud como te lo narre en mi primer libro

Rompiendo Estadísticas Una Promesa Cumplida, pero ahora para compartirte las historias de mis amigas y compañeras de milicia en este viaje llamado cáncer que al igual que yo

"Nos resistimos a Caer" en este recuento de casos terminales.

PREFACIO

Te recordaras que debido a mis procesos de cáncer que viví y vencí puse una fundación para ayudar a pacientes en procesos de cáncer por todo lo que vivimos mi esposo y yo;

Y así poder satisfacer sus necesidades de mayor prioridad para que ellas no tuvieran de que preocuparse sino de ocuparse y cuidarse de ellas mismas te platicare varias historias de ellas que vivieron.

Por amor y para honrar su valor, su tenacidad, y ser unas grandes guerreras hoy lo puede plasmar en estas líneas. También he incluido a un varón que ha vencido esta enfermedad llamada cáncer de seno que, aunque es muy bajas las estadísticas en el hombre también deben de tomar conciencia sobre examinarse y hacerse chequeos generales, para también prevenir otros tipos de cáncer como

el cáncer de próstata y de testículos que ya no respeta edades.

INDICE

1

DETERMINADA

EN SU FE

Te comparto la historia de Clara ella es sobreviviente de cáncer de seno derecho etapa 2 que se determinó a que su fe no cayera a lo largo de esta difícil batalla contra el cáncer.

Clara una mujer de 45 años; valerosa e intrépida y determinada en su fe en Dios y en si misma se convirtieron en sus soportes claves. Un día como cada año fue a su examen de mamografía de detección temprana para el cáncer de mama, llega y como a ella le gustaba siempre ir al mismo centro de imágenes ya la conocían las enfermeras muy sonriente y feliz saludando al personal fue se anotó a recepción, tomo asiento y les dijo hoy como cada año me toca mi examen de detección temprana para el cáncer de mama.

Empiezan con la mamografía, ella no paraba de platicar con la especialista mientras le revisaba sus senos al terminar la especialista Clara se dispone a tomar su ropa para vestirse e irse a sus quehaceres diarios, pero, la detiene la especialista y le dice que espere porque el doctor tiene que revisar los exámenes que le acaba de practicar se sorprende Clara porque nunca la había detenido la especialista y le pregunta ¿encontró algo? La especialista le dice no puedo responder a su pregunta porque el doctor tiene que revisarlos y el dirá si encontró algo anormal o si todo se encuentra bien, favor de esperar aquí tome asiento en un momento regreso.

Carla se preocupó un poco y decide llamarle a su esposo para decirle lo que estaba sucediendo, que se sentía algo preocupada porque nunca había sucedido eso, le dice el esposo no te preocupes, pero recuerda que te habías estado sintiendo y tocando unas bolitas en tu seno derecho, vamos a creer que solamente son unos quistes, pero nada de qué preocuparse, en eso entra la especialista y termina la llamada con su esposo.

Mira a la especialista con signo de interrogación, pero la técnica se da la vuelta y le dice vístase por favor el doctor quiere hablar con usted ¿que encontró? Pregunta Clara Pero no le contesta, solamente se da media vuelta, le dice aquí la espero, se viste

Clara de prisa porque se sentía algo nerviosa, mira a la especialista y ella le dice sígame por favor el doctor la espera.

Entra al cuarto donde se encontraba el doctor y le dice a Clara hemos encontrado unas anormalidades en su seno derecho que no nos gustan como se ven y la voy a mandar hacer una biopsia para poder darle un diagnóstico más concreto.

Al pasar los días le llama su ginecólogo que ya tenía todos los resultados de sus exámenes y de la biopsia y lo que ella y su esposo se temían encontraron cáncer en etapa 2 en su seno derecho, se sintieron desbastados, pero Clara se paró determinada y dijo aquí es hora de poner en práctica mi fe creyendo que en Cristo todo lo puedo.

Empezó con un ciclo de 8 quimioterapias y 15 radiaciones se le cayó su cabello había días que se sentía triste al verse en el espejo, pero se sentía a la vez feliz porque en medio de todo eso le dijeron que conservaría su seno que no había necesidad de removerlo gracias a los cuidados que estaba haciendo en medio de todos estos tratamientos.

Porque Clara había cambiado su ritmo de vida empezó a visitar grupos de apoyo donde se reunían otras sobrevivientes de cáncer ellas la motivaban y cambio su alimentación por una más saludable donde agrego muchos vegetales y frutas eliminando grasa, azucares y grasas.

También empezó a ir a reuniones más seguido a su iglesia para alimentar su área espiritual.

Al pasar los meses Carla empezó a experimentar mejorías en su salud, le empezó a salir el cabello, se sentía con más vitalidad y energía, le dicen que tendrán que hacerle más estudios para saber si el cáncer a desaparecido o en que estadio su encuentra, pero, Carla se sentía muy confiada en Dios.

Llega por los resultados, pasa a consulta, la recibe el oncólogo con una sonrisa y le dice "felicidades" ahora eres "sobreviviente de cáncer" solamente por favor te pido que no dejes de venir a tus chequeos y de seguir cuidándote como lo has hecho como hasta ahora.

Carla empezó a vivir y a caminar con gratitud y esperanza hacia a Dios, con su esposo y sus hijos por estar con ella, cuidándola y apoyándola en todo su caminar con el cáncer, también se sentía agradecida con sus familiares y amigos.

A partir de su sanidad decidió transformarse en una motivadora sobre la concientización de cáncer de mama y empezó a dar apoyo a otras mujeres que se encontraban luchando contra esta enfermedad llamada cáncer.

Su vivencia se tornó en una historia motivadora de que si nos mantenemos" Determinadas en Fe" saldremos victoriosas, sobre cualquier adversidad que se nos presente.

El Señor te librara de todo mal y cuida tu vida. Salmos 121:7.

.

2

RESISTIENDO CON FUERZA

Ahora te platicare la historia de Karen.

Karen una joven de 35 años, con muchas ganas de salir adelante con una vida muy activa y saludable ella por las mañanas se despierta a las 5:00am se pone su ropa deportiva, se va al parque a caminar a respirar el aire fresco de la mañana, se ejercita por una hora y regresa corriendo a su casa a preparar el desayuno para sus niños y su esposo, Edgar.

Edgar al olor del desayuno despierta levanta a los niños, les sirve para que ellos coman algo antes de ir a la escuela, en lo que Karen se ducha para así vestirse, toma un jugo y un pan tostado con mermelada, toma una fruta para el camino porque como todos los días se le está haciendo tarde para pasar dejando a sus niños a la escuela para ella continuar a su trabajo, se despiden con un beso él se queda limpiando la cocina, como acuerdo de ellos de compartir las tareas y responsabilidades del hogar.

Edgar ya titulado como contador público y dueño de su bufete se da el pequeño lujo llegar más tarde a su oficina por tal motivo él se queda limpiando y ordenando la casa por acuerdo y satisfacción mutua.

Por las tardes Edgar pasa levantando a los niños a la escuela porque Karen terminado de trabajar se va a la escuela a tomar sus clases de Doctorado en Derecho Ambiental. Porque a ella le apasiona el cuidado y gestión de los bienes naturales, para cuidar y conservar la naturaleza, al mismo tiempo que la salud. Así es la vida diaria de Karen y Edgar con sus niños.

Sábado 5:00am Karen sale a correr a las dos horas regresa más tranquila a su casa porque los niños no van a la escuela y Edgar no va a trabajar por tal motivo ella se puede tomar más tiempo ejercitándose y disfrutando de la naturaleza, mientras su familia duerme.

Sin hacer ruido se mete a la ducha y aprovechando su tiempo decide hacerse un autoexamen de seno, donde descubre una protuberancia preocupante. Decide no comentarle nada a Edgar hasta realizarse los exámenes correspondientes.

A los días de haber ido con su médico general y haberle hecho una serie de estudios y exámenes correspondientes a lo que ella se había descubierto le dan la noticia.

Karen hemos encontrado cáncer en tu seno izquierdo etapa 3, con la noticia inesperada por la vida tan activa y saludable que ella tenía quedo en shock.

Pero inmediatamente Karen le llama a su esposo Edgar lo cita en un café para hacerle saber de su diagnóstico de cáncer, Edgar le hace saber que no está sola y que juntos pelearán y saldrán victoriosos de ese campo de batalla a lo que ella le responde gracias, amor. No permitiré que el cáncer controle ni detenga mi vida.

Su coraje, su resiliencia, su confianza en sí misma, su autodisciplina, su fuerza en Dios y su profundo amor por sus niños y su esposo, sus planes de vida se convirtieron en su dirección a lo largo del tratamiento.

No deteniéndose en los efectos de las quimioterapias que; la debilitaban. Pero Karen se negó a caer ante la desesperación, porque tenía el amor y el apoyo de su esposo, hijos, padres, familiares y amistades se rodeó de mucha gente que estuvo orando por y con ella en el mismo nivel de fe.

Karen por los efectos de las quimioterapias había días que no podía salir a correr como lo hacía antes, pero seguía resistiéndose a caer e hizo cambios empezó a caminar alrededor de su casa y agrego más jugos 100% naturales todo hecho y preparado en casa.

Al pasar los meses, Karen empezó a ver mejorías y a sentir como la protuberancia en su seno estaba disminuyendo considerablemente. Se llego el día de examinar el estadio del cáncer, grata sorpresa recibió Karen y su esposo el cáncer había desaparecido por completo y ahora era una sobreviviente del cáncer de seno.

Su vivencia la transformo favorablemente Karen se volvió en una defensora de la concientización del cáncer de mama y se incorporó como voluntaria en nuestra fundación, para apoyar y ser de inspiración para otras personas que están en este campo de batalla llamado cáncer y poder decirles "Me resisto a caer" por eso ahora estoy aquí.

Y la resistencia desarrolla firmeza de carácter, y el carácter fortalece nuestra esperanza segura de salvación. Romanos 5:4 NTV.

3

CUIDANDO MI CUERPO

Y MI ESPÍRITU

Gaby a ella la conocí en una de mis consultas con el Oncólogo intercambiamos números de teléfono para un día irnos a tomar un café o un agua limonada.

Ella es una sobreviviente de cáncer que se enfocó a cuidar de su cuerpo y espíritu para que esta enfermedad llamada cáncer no la derribara.

Ella es una mujer determinada y apasionada por la vida y por sus metas, en una de sus citas de chequeo recibió la devastada noticia que encontraron cáncer en su seno en etapa inicial. La paralizo, pero en lugar de dejarse caer en ese instante, tomo la determinación de pararse firme y tomar el control de su dirección.

Desde el inicio se percató que en esta carrera había unos puntos muy importantes y primordiales como cuidar su cuerpo y su espíritu, llegando a su casa reviso su alacena y se dio cuenta que tenía mucha comida enlatada con perseverantes y eso no la ayudaría y se deshizo de ello y lo sustituyo por todo 100% natural se fue al supermercado al área de la frutas y vegetales. Empezó a buscar una iglesia para llenar su espíritu con El Espíritu Santo.

En lo que consistía con sus tratamientos obedeció y siguió paso a paso las instrucciones de todo su equipo médico. Entro a cirugía para extraer el tumor, seguido de radioterapias y quimioterapias y cuidando su alimentación y la nutrición de su cuerpo y haciendo ejercicios, sin descuidar su espíritu alimentando con alabanzas, nutriéndose con predicaciones y rodeándose de personas que oraban por ella, con el pasar de los meses la dan la noticia que venció el cáncer la declararon sobreviviente de cáncer de seno.

Ella sigue al cuidado de su mente, cuerpo y espíritu y continua su vida con un espíritu de agradecimiento hacia Dios y hacia las que la apoyaron y estuvieron con ella. Y así poder ayudar a otras en este caminar con el cáncer e inspirarlas a cuidar y amarse cuidando de su persona en mente, cuerpo y espíritu para que se resistan a caer.

Nadie odia su propio cuerpo, sino que lo alimenta y lo cuida tal como Cristo lo hace por la iglesia. Efesios 5:29 NTV.

4

¿PARA QUE EXISTO? CAMBIANDO HABITOS

Anibal el esposo de una sobreviviente de cáncer de seno debido al proceso que había pasado con su esposa cáncer de seno etapa 3 que estuvo casi al borde de la muerte en repetidas ocasiones y debido al estatus migratorio de los dos no recibieron ningún tipo de ayuda en ese momento por lo cual él tuvo que buscarse tres trabajos, para solventar los pagos de médicos, laboratorios, especialistas, hospitales, cirugías, anestesiólogos, enfermeras para que la cuidaran en casa a su esposa porque había días que ella no se podía levanta y Aníbal tenía que salir a trabajar.

Su esposa Stephany con el tiempo venció el cáncer y ahora ella es una sobreviviente de cáncer seno etapa 3, gracias a Dios ella se encuentra muy bien y sin ningún síntoma ni efectos secundarios del cáncer.

Pero Aníbal debido a todo el estrés, desvelades, mal pasadas y comiendo lo que se encontraba de camino a su trabajo; desarrollo malos hábitos en su alimentación y en su carácter se volvió mal humorado y amargado y su pregunta era ¿para qué existo? Se hacia esa pregunta porque un día se sintió una anomalía en su pecho y fue a consulta donde le detectaron cáncer de seno, una enfermedad poco común en varones y ese le molesto demasiado.

A los días de su diagnóstico Aníbal recapacito y reflexiono sobre su vida y sus preferencias. Se determino a dar la lucha contra el cáncer como su Stephany que tomo la oportunidad de vida y el la tomo para darse que si tenía un propósito y tenía que hacer cambios en sus hábitos alimenticios y en su carácter y cuidarse sabía que a sus 55 anos aun tenía muchas cosas que hacer.

Se sometió a todos los tratamientos, cirugías y una alimentación y ambiente saludable que logro que le dieran ayuda para cubrir todos los gastos y más adelante debido a su gran mejoría fue declarado sobreviviente de cáncer.

El testimonio de Aníbal es una reflexión para varones que el cáncer de seno no perdona sexo ni edad Aníbal pensaba que ya por su edad no tenía que hacerse exámenes ni ir a revisiones periódicas con su médico.

Le ayudo también hacer cambios en sus hábitos alimenticios y darse cuenta de que su propósito de vida era hacer concientización a los varones de examinarse y decirles que si él se resistió a caer y no cayo tu tampoco caerás.

Todo lo puedo en Cristo que me fortalece. Filipenses 4:13 RVR1960.

5

AFERRADA A LA FAMILIA Y A AMISTADES

Brenda una mujer de 39 años que se afianzo a su familia y amistades para vencer el cáncer de seno.

Brenda es una mujer con mucha vitalidad, mucho carisma, alegre, introvertida y de mucha fe en Dios por lo tanto rodeada de mucho amor porque ella es lo que sabe dar amor. Va a su examen de mamografía de rutina, donde ella recibe la noticia devastadora que tenía cáncer de seno en etapa avanzada algo que ella no se esperaba y esa noticia la dejo atónita, pero su primera actitud fue ir en busca del soporte de su familia y amigos que era donde ella se sentía segura.

Porque con la familia y amigos que contaba eran igual de creyentes que ella y se unieron en una oración dejándole a Dios todo el control de la situación y del proceso que ella iba a pasar.

El tratamiento de Brenda fue muy agotador y desgastante entre quimioterapias, radiaciones, cirugías y pastillas.

Brenda sufrió los efectos fuertes de las quimioterapias caída del pelo, vómitos, náuseas, mareos, dolores de huesos, debilidad de sus coyunturas, problemas de corazón, desórdenes alimenticios, la desestabilidad de la presión arterial fue algo muy desesperante porque había días que la presión arterial la tenía demasiado alta, como en otros días la tenía demasiada baja y eso preocupaba a los doctores porque no sabían que medicamento recetarle y por cuantos días.

Los médicos decidieron internar a Brenda para poder tenerla bajo observación sus familiares y amistades tomaban turnos para cuidarla y hacerle saber cuánto la amaban y que nunca la dejarían pasar este proceso sola.

Eso fortalecía a Brenda, la hacía sentirse amada y protegida, un día orando le dijo a Dios que ya era momento que la levantara de ahí porque su familia y amistades estaban sufriendo y desgastándose junto con ella, ella ya no quería, ni deseaba estar ahí, con los días y las semanas fue mejorando al grado de fortalecerse y ya poder ir a su casa, siguió avanzando en su salud.

Mas adelante Brenda empezó a reunirse a un grupo de apoyo de sobrevivientes de cáncer de seno donde fue más fortalecida al escuchar los testimonios de más personas.

Al pasar el tiempo fue declarada sobreviviente de cáncer y reconoció que su fe había sido honrada por Dios.

En esta historia nos podemos dar cuenta que, en estos procesos de enfermedad al tener el apoyo, el amor de familia y amistades enfocadas nuestra fe y confianza en Dios saldremos victoriosas de cualquier adversidad.

Un amigo es siempre leal, y un hermano nace para ayudar en tiempo de necesidad. Proverbios 17:17 NTV.

6

PERDONANDO

EL

ABANDONO

Perla una mujer de 48 años que gozaba de una relación tranquila con su esposo Felipe y sus dos hijas. Un día que se estaba vistiendo y al hacerse un auto examen sintió un bulto en su seno e inmediatamente busco ayuda médica donde le diagnosticaron cáncer de seno en etapa terminal, la noticia la desbastó en ese momento, pero cobro fuerzas pensando en su esposo Felipe que siempre ha estado en toda situación con ella pensó le diré y el será mi soporte en todo este caminar, y me sanare. Salió de la clínica directo a su casa.

Al llegar a su casa estaba Felipe viendo un partido de futbol sentado en el sillón reclinable de la sala disfrutando un refresco frio, Perla le comenta que viene de su chequeo de mamografía él no le presta atención sigue viendo el partido de futbol, pero Perla se para enfrente de la televisión y le dice que necesitan hablar de que es algo muy importante y urgente, el medio molesto apago el televisor y se incorpora para escucharla.

Perla le dice vengo de estar con el Oncólogo y me ha dicho que tengo cáncer de seno en etapa terminal, pero no te preocupes amor sé que con tu apoyo lograre vencer el cáncer.

Felipe mira a Perla se levante del sillón y le da la espalda se encamina a la habitación de ambos, Perla en su mente se dijo le daré tiempo para que lo procese y en un momento lo alcanzo a la habitación, llega a la habitación lo vio recostado en la cama ella se le acerca pero la rechazo.

Con los días Felipe la ignoraba y fue haciéndose más indiferente, se distancio emocional y físicamente de Perla hasta que un día le dijo yo no puedo ni quiero vivir esto contigo, tomo sus maletas y abondo el hogar.

Perla entro en un estado de inmenso dolor, odio, tristeza y coraje hacia su esposo Felipe, porque ella creyendo que estaría en esos momentos tan difíciles, la abandonaba, ella empezó a empeorar la enfermedad la estaba consumiendo, hasta que un día se determinó que con la ayuda de Dios, familiares y amigos que estaban a su lado y el amor a sus hijas ella podía demostrarle al cáncer que se levantaría, y perdonaría a su esposo.

Empezó con cirugías para extraer los tumores, quimioterapias, radiaciones y medicamentos, sufrió los efectos, pero día a día ella cobraba fe y fuerzas para salir adelante.

Durante su proceso de recuperación sus hijas y su mamá la cobijaron con mucho amor y eso la fortaleció al grado que con los meses pudo vencer el cáncer.

Hasta el día de hoy ya no está en tratamientos, pero sigue con sus chequeos médicos muy puntuales y pudo perdonar desde su interior a Felipe lo llamo, para decirle que lo amaba y lo perdonaba, pero ella se había descubierto como mujer fuerte y deseaba mejor pasar sus años sola disfrutando a sus hijas, nietos y a su madre, él le pidió perdón, acepto no vivir juntos, respetaba su decisión y la entendía.

Perla nos demuestra que con fe, amor y perdón podemos vencer cualquier

adversidad tan oscura que esta sea y
tomados de la mano de Dios se puede con
El.

Cuando se perdona una falta, el amor
florece, pero mantenerla presente separa a
los amigos íntimos. Proverbios 17:9 NTV.

7

GUERRERA HASTA EL ULTIMO SUSPIRO

Te cuento la historia de una amiga que conocí en el año del 2014 +Tita+

Una veraz militante que aniquilo el cáncer de seno en varias ocasiones, repetidas veces fue a dar al hospital por infartos fulminantes al corazón, pero su tenacidad como guerrera se levantaba.

+Tita+ era una mujer valiente, determinada, decidida, trabajadora, emprendedora, que enfrento el cáncer de seno con precisión y agallas en repetidas ocasiones a lo largo de casi 10 años. Desde sus 55 años que fue cuando recibió su primer diagnóstico. Tuvo su cirugía para extirparle totalmente un seno porque estaba muy avanzado el cáncer.

No era candidata para que lo conservara, en la cirugía sufrió un infarto lograron estabilizarla salió del hospital y empezó con quimioterapias, radiaciones y más tratamientos, al tiempo logro vencer el cáncer y todos felices, pero siguió con problemas en su corazón, pero su fe no decaía.

Al año de haberlo vencido le vuelven a diagnosticar cáncer en el otro seno en etapa terminal que tuvieron que quitarle por completo el otro seno, pero eso a ella no la hacía desmayar sino todo lo contrario nos inyectaba a todos con mucha fe, seguía entrando y saliendo al hospital por problemas con su corazón, sufrió infinidad de infartos que perdimos la cuenta, pero ella seguía firme en su fe y como toda una guerrera siempre salía vencedora.

Hasta que un día de este año nos dan la noticia +Tita+ nuestra soldado se nos fue, murió, pero, con mucho coraje siguió peleando y diciendo que ella estaba bien, porque iba a su morada con El Padre Celestial que había peleado la buena batalla, que ya era una vencedora porque siempre se resistió a caer porque no cayo, solamente se fue a disfrutar de La Presencia de Su Creador. A ti mi +Tita+ siempre te recordare como la bella dama que siempre fuiste.

"MI GUERRERA HASTA EL ULTIMO SUSPIRO".

Esta vestida de fortaleza y dignidad, y se ríe sin temor al futuro. Cuando habla, sus palabras son sabias, y da ordenes con bondad. Esta atenta a todo lo que ocurre en su hogar, y no sufre las consecuencias de la pereza. Sus hijos se levantan y la bendicen. Su marido la alaba: "Hay mujeres virtuosas y capaces en el mundo, ¡pero tú las superas a todas!".

Proverbios 31:25-29 NTV.

La historia de +Tita+ es una enseñanza de la fuerza del espíritu humano y como algunos seres humanos confrontan desafíos nunca imaginables con favor y decisión. No importando su incansable lucha contra el cáncer de seno en múltiples veces y cantidades de infartos fulminantes, su espíritu indomable dejo una huella imborrable en mi vida y en mi corazón y se porque sé, que en la de muchos que tuvieron el honor y el privilegio de conocerla y disfrutaron de su amistad.

8

VENCIENDO LA ADVERSIDAD

Cynthia ella es una mujer de 42 años de edad que vive en la ciudad de Monterrey Nuevo León; México, trabaja en una empresa muy reconocida de su País, por más de 15 años entro a trabajar terminando de graduarse de la Universidad, acababa de ser ascendida en su trabajo está muy feliz y celebrando porque había alcanzado el puesto por el que ella tanto había trabajado y anhelando por años; no lo podía creer cuando en una reunión ejecutiva que la empresa realizo la nombraron

Presidenta y Directora General de todo el consorcio.

Llegando a su casa le platica a su esposo Osvaldo y el para celebrar se la lleva a cenar y brindar en una zona exclusiva de la ciudad, disfrutaron toda la noche entre brindis y sonrisas ya casi para amanecer se van a su hogar porque a Cynthia le dieron dos días para que se preparara ahora que iba a tomar un puesto con demasiada responsabilidad.

Al despertarse Cynthia entro al baño a ducharse para disfrutar ese día en casa ella sabía que sería el ultimo antes de ir a sentarse en su silla como Presidenta y Directora General; al momento de estarse enjabonando paso sus manos por su seno izquierdo y se sorprendió tocarse un bulto demasiado grande y duro, recordó que por estar sometida a mucho trabajo y estrés por adquirir el puesto tenía más de dos años compitiendo por él, que no se realizaba ningún examen ni ninguna mamografía al acercarse al espejo para observar su seno izquierdo se sorprendió que su seno derecho tenía muchas ronchitas rojas y al lado de la axila se estaba absorbiendo la piel hacia adentro.

Inmediatamente llamo a su médico de cabecera le comento lo que acababa de descubrir en su cuerpo y que, si era necesario realizarse estudios, lo que su médico le contestó es urgente que vengas en este momento le dijo que tenía mucho trabajar que ordenar antes de tomar su nuevo puesto.

<<Doctor>> Cynthia de que te va a servir un puesto que si no te entiendes quizás no vayas a disfrutar por mucho tiempo; con lágrimas en los ojos Cynthia se viste y le dice a su esposo Osvaldo.

Al llegar le hacen una serie de exámenes y lo que se temían Cáncer de seno muy avanzado en los senos y había que operar de emergencia le dice Cynthia a su esposo avisa a la empresa porque ella ya no sentía valor ni tenía fuerzas para escuchar que la iban a despedir; después de una serie de cirugías, ciclos de quimioterapias, sesiones de radiaciones y terapia en sus brazos porque al momento de quitarle los senos habían dañado los músculos ella cayo en una depresión que no quería platicar con nadie.

Un día conoce a un pastor donde le presenta a Cristo como su Señor y Salvador, ella piensa que pierdo si casi todo lo he perdido y a partir de ahí su salud empezó a mejorar, a asistir a grupos de apoyo con sobrevivientes de cáncer de seno, la motivaban a seguir adelante y poco a poco se fue recuperando después de cuatro años la declararon sobreviviente de cáncer.

Una tarde en el porche de su casa algo triste pero feliz por resistirse a caer y vencer la depresión y el cáncer en su totalidad, recuerda que había perdido su sueño de ser la presidenta y directora general de la empresa, a lo que su esposo le responde no amor el dueño de la empresa ha estado en contacto conmigo y permitió que yo realizara tu trabajo con ayuda tuya, <<Cynthia>> ¿mía, ¿cómo? Si le responde Osvaldo todas las preguntas que te hacia sobre tu trabajo y me respondías con lágrimas y en ocasiones molesta era yo cubriendo tu responsabilidad, porque sabía que habías luchado por ese puesto y como eres una guerrera incansable tu jefe sabía que ibas a salir vencedora, el próximo mes puedes regresar a sentarte en tu silla ejecutiva.

El testimonio de Cynthia nos recuerda que la resiliencia del espíritu humano y como la fe en uno mismo, el apoyo, el amor, la confianza en Dios, nos pueden llevar a superar la depresión y cualquier oposición en nuestra vida.

¡Así que se fuerte y valiente! No tengas miedo ni sientas pánico frente a ellos, porque El Señor tu Dios, él mismo ira delante de ti. No te fallara ni te abandonara. Deuteronomio 31:6 NTV.

9

SUPERANDO LA DEPRESION

Ada una jovencita de 25 años, tenía una vida llena de sueños, ilusiones y metas por cumplir, cursaba la universidad, Sin esperárselo un día su mundo se le vino abajo se desmorono por completo cuando le dieron el diagnóstico de cáncer de seno en etapa 2. Al conocer e informarse sobre el proceso del cáncer de seno y de todos sus efectos secundarios cayo en una depresión profunda por la enfermedad, ella lo sentía como una amenaza para su vida donde todos sus proyectos de vida serian truncados y ella pensaba que moriría, por todo lo que estaba experimentando.

El tratamiento era muy fuerte, intenso y agresivo: cirugías, quimioterapias, radiaciones, Ada no solamente se estaba enfrentando con el decaimiento físico, entre otras cosas también a una lucha interna que la sumergía a una tristeza inmensa y desesperación, algo con lo cual ella nunca había luchado. Cada amanecer era un reto para sostenerse en la esperanza y encontrar una razón para continuar avanzando.

Al ver que los días pasaban y sus tratamientos continuaban Ada se dio cuenta que tenía que hacer algo, que no podía ni debía permitir que la tristeza y la depresión la derrotaran y un día decidió buscar ayuda asistiendo a un grupo religioso donde pudo hablar de sus miedos y sentimientos encontrados que en esos momentos estaba viviendo y sintiendo.

Al pasar los días y con la ayuda emocional y espiritual que estaba recibiendo y rodeada de amor y esperanza de sus nuevos amigos y familiares empezó a sentirse mejor emocional y físicamente ya con más energía y determinación continuo con sus tratamientos, después de varios ciclos de quimioterapias y sesiones de radioterapias, y de haber permitido que Dios tomara el control de su vida y de su situación, los doctores le dieron la noticia que Ada tanto anhelaba escuchar que el cáncer se había ido por lo tanto ya podía gritar a los cuatro vientos que era una sobreviviente de cáncer de seno.

El testimonio de Ada tan conmovedor nos demuestra que con determinación e invitando y dejando a Dios que tome el control total de nuestra vida y de cualquier adversidad que estemos pasando, viviendo, saldremos más que victoriosas, añadiendo el amor y apoyo de familiares y amigos.

Ada pudo salir adelante venciendo la adversidad y resistiéndose a caer, para ayudar a otras jovencitas en el proceso de la depresión.

El perdona todos mis pecados y sana todas mis enfermedades. Salmos 103:3 NTV.

Aquí te dejo unos datos según la Asociación Americana del Cáncer.

Los sentimientos de depresión son comunes cuando los pacientes y los familiares se enfrentan al cáncer. Es normal sentir tristeza y pena. Los sueños, los planes y el futuro pueden parecer inciertos. Pero si una persona ha estado triste durante mucho tiempo o tiene problemas para sobrellevar las actividades cotidianas, esto es motivo de preocupación.

La depresión puede ser leve y temporal con períodos de tristeza, pero también puede ser más grave y duradera. El tipo más grave a menudo se denomina depresión severa o depresión clínica. La depresión severa o clínica dificulta que la persona funcione y siga los planes de tratamiento. Ocurre en aproximadamente una de cada cuatro personas con cáncer, aunque se puede manejar. Las personas que han tenido depresión tienen más probabilidad de padecer depresión después del diagnóstico de cáncer.

¿A qué debe prestar atención?

La familia y los amigos que notan signos y síntomas de depresión pueden animar a la persona a obtener ayuda.

A veces, los síntomas de ansiedad o angustia pueden estar acompañados de la depresión.

Estos son algunos signos y síntomas que podrían significar que se necesita ayuda profesional para la depresión:

Un estado anímico de tristeza, sin esperanzas o "vacío" casi diariamente durante la mayor parte del día

Pierde el interés o el placer en las actividades que una vez le eran agradables

Pérdida significativa de peso (sin hacer dieta) o un gran incremento en el peso

Trastornos del sueño (no puede dormir, se despierta temprano o duerme demasiado)

Agotamiento extremo o tiene menos energía casi todos los días.

Otras personas notan que usted tiene intranquilidad marcada o reducción de la actividad, casi diariamente, sentimientos de culpa y desvalimiento.

Problemas para concentrarse, recordar cosas o tomar decisiones.

Pensamientos frecuentes relacionados con la muerte o el suicidio, o intentos de suicidio.

Grandes cambios en el estado de ánimo, desde periodos de depresión a momentos de agitación y gran energía

Algunos problemas físicos, tales como cansancio, falta de apetito, y cambios en el sueño también pueden ser efectos secundarios del tratamiento del cáncer, y pueden persistir después de finalizar el tratamiento. Pregunte al equipo que atiende el cáncer sobre las posibles causas de estos síntomas y si la depresión pudiese ser un factor causante.

Cómo manejar la depresión

El manejo de la depresión en personas con cáncer puede incluir consejería, medicamentos o una combinación de ambos, y a veces otros tratamientos especializados. Estos tratamientos combaten la depresión, reducen el sufrimiento y ayudan a la persona con cáncer a tener una mejor calidad de vida.

¿Qué puede hacer el paciente?

Exprese los sentimientos y temores que usted o sus familiares tengan. Está bien sentirse triste, enojado y frustrado, pero no se desquite con las personas cercanas a usted. Es importante escucharse mutuamente con atención, decidir juntos qué pueden hacer para apoyarse y alentarse unos a otros, pero no ejercer presión para hablar.

Busque ayuda a través de grupos de apoyo y consejería.

Utilice la atención plena, la oración, la meditación u otros tipos de apoyo espiritual Intente la respiración profunda y los ejercicios de relajación varias veces al día (Por ejemplo, cierre sus ojos, respire profundamente, concéntrese en cada parte del cuerpo y relájela, empezando por los dedos de los pies y terminando en la cabeza. Al relajarse, imagínese en un lugar agradable, como en alguna playa con brisa o una pradera asoleada).

Considere acudir a un consejero profesional para que pueda lidiar con los cambios que ha habido en su vida
Pregunte acerca de los tratamientos para la depresión
¿Qué puede hacer el cuidador del paciente?

Invite con amabilidad al paciente a hablar sobre sus miedos e inquietudes. No obligue al paciente a hablar si no está listo para hacerlo.

Escuche detenidamente sin juzgar los sentimientos del paciente o sus propios sentimientos. Es comprensible señalar o estar en desacuerdo con los pensamientos contraproducentes.
Evite decirle a la persona que "se anime" o "piense positivamente"
Decidan juntos lo que se puede hacer para apoyarse mutuamente.

No trate de razonar con la persona si el miedo, la ansiedad o la depresión es grave. Busque ayuda de alguien del equipo de atención médica.
Involucre a la persona en actividades que disfrute.

Tenga en cuenta que los cuidadores de la salud también pueden deprimirse. Todas estas sugerencias pueden aplicar para los cuidadores de igual forma. Tome tiempo para cuidarse a sí mismo. Pase tiempo con los amigos o participe de actividades que disfrute.

Considere obtener apoyo para usted a través de grupos de apoyo o consejería individual.

Llame al proveedor de servicios de salud mental o al equipo de atención médica si el paciente

Tiene pensamientos suicidas, o no puede dejar de pensar en la muerte

Tiene un comportamiento que es preocupante para su seguridad

No puede comer o dormir, y no tiene interés en las actividades cotidianas por varios días

Tiene dificultad para respirar, tiene sudoración o se siente muy inquieta.

American
Cancer
Society

¿Qué hay de nuevo en la investigación del cáncer de mama?

En esta página

- Estudios de investigación
- Causas del cáncer de mama
- Prevención del cáncer de mama
- Nuevos tests para personalizar tu tratamiento
- Nuevas pruebas de imagen
- Tratamiento del cáncer de mama
- Cuidados de apoyo

Investigadores de todo el mundo están bajando para encontrar mejores formas de prevenir, detectar y tratar el cáncer de mama y mejorar la calidad de vida de los pacientes y sevivientes.

Estudios de investigación

La orientación actual sobre la prevención y el tratamiento del cáncer de mama, así como sobre sus posibles causas (entre otras cosas), proviene principalmente de información descubierta en estudios de investigación. Los estudios de investigación pueden variar desde estudios realizados en el laboratorio hasta ensayos clínicos realizados con cientos de miles de personas. Los ensayos clínicos son estudios cuidadosamente controlados que pueden recopilar información específica sobre determinadas enfermedades y explorar nuevos tratamientos prometedores.

Los ensayos clínicos son una forma de obtener los últimos tratamientos contra el cáncer que se están investigando. Aún así, no son adecuados para todos. Si desea obtener más información sobre los ensayos clínicos que podrían ser adecuados para usted, comience preguntándole a su médico si su clínica u hospital realiza ensayos clínicos, o consulte Ensayos clínicos para obtener más información.

Causas del cáncer de mama

Los estudios continúan analizando cómo ciertos factores del estilo de vida, hábitos y otros factores ambientales, así como cambios genéticos hereditarios, podrían afectar el riesgo de cáncer de mama. Aquí están algunos ejemplos:

• Varios estudios analizan los efectos de la actividad física, el aumento o la pérdida de peso y la dieta sobre el riesgo de cáncer de mama.

• Algunos cánceres de mama son hereditarios, pero muchas de las mutaciones (cambios) genéticos que causan estos cánceres de mama aún no se conocen. Se están realizando investigaciones para identificar estos cambios genéticos.

• Varios estudios se centran en el mejor uso de las pruebas genéticas para detectar mutaciones genéticas hereditarias del cáncer de mama.

• Los científicos están explorando cómo las variantes genéticas comunes (pequeños cambios en los genes que no son tan significativos como las mutaciones) pueden afectar el riesgo de cáncer de mama. Las variantes genéticas normalmente tienen sólo un efecto modesto sobre el riesgo por sí solas, pero cuando se combinan posiblemente podrían tener un gran impacto.

• Las posibles causas ambientales del cáncer de mama también han recibido más atención en los últimos años. Si bien gran parte de la ciencia sobre este tema aún se encuentra en sus primeras etapas, ésta es un área de investigación activa.

Prevención del cáncer de mama

Los investigadores están buscando formas de ayudar a reducir el riesgo de cáncer de mama, especialmente en mujeres con alto riesgo. Aquí hay unos ejemplos:

• Los estudios continúan analizando si ciertos niveles de actividad física, perder peso o comer ciertos alimentos, grupos de alimentos o tipos de dietas podrían ayudar a reducir el riesgo de cáncer de mama.

• Ya se ha demostrado que algunos medicamentos hormonales , como el tamoxifeno, el raloxifeno, el exemestano y el anastrozol, ayudan a reducir el riesgo de cáncer de mama en determinadas mujeres con mayor riesgo.

• Los investigadores continúan estudiando qué grupos de mujeres podrían beneficiarse más de estos medicamentos.

• Los ensayos clínicos también están analizando si algunos medicamentos no hormonales podrían reducir el riesgo de cáncer de mama, como los medicamentos utilizados para tratar trastornos de la sangre o la médula ósea, como el ruxolitinib.

• Se están realizando estudios sobre vacunas que podrían ayudar a prevenir ciertos tipos de cáncer de mama.

Nuevos tests para personalizar tu tratamiento

Biomarcadores

El tejido del cáncer de mama se analiza de forma rutinaria para detectar los biomarcadores ER , PR y HER2 para ayudar a tomar decisiones de tratamiento. Un biomarcador es cualquier gen, proteína u otra sustancia que pueda medirse en la sangre, los tejidos u otros fluidos corporales.

El ADN tumoral circulante (CT ADN) es ADN que se libera en el torrente sanguíneo cuando las células cancerosas mueren. Identificar y analizar el CT ADN en la sangre en busca de biomarcadores es un área de estudio en rápido crecimiento.

Algunas formas en que el CT DNA podría usarse potencialmente en el cáncer de mama incluyen:

• Buscar nuevos biomarcadores en las células tumorales que puedan

• significar que el cáncer se ha vuelto resistente a tratamientos específicos (como quimioterapia o terapia con medicamentos dirigidos)

• Determinar si un determinado medicamento funcionará en un tumor antes de probarlo

• Predecir si el cáncer de mama recurrirá (volverá) en mujeres con cáncer de mama en etapa temprana

• Predecir si el tratamiento neoadyuvante está funcionando para destruir el tumor en lugar de utilizar pruebas de imagen como una tomografía computarizada o una ecografía.

•   Determinar si hay cáncer de mama o una afección mamaria de alto riesgo antes de encontrar cambios en una prueba de imágenes como una mamografía.

Nuevas pruebas de imagen

Se están desarrollando nuevos tipos de pruebas para obtener imágenes de la mama. Algunos de ellos ya se están utilizando en determinadas situaciones, mientras que otros aún están en estudio. Hará falta tiempo para comprobar si son tan buenos o mejores que los que se utilizan hoy en día. Algunas de estas pruebas incluyen:

•   Gammagrafía (imagen molecular de la mama)

•   Mamografía por emisión de positrones (PEM)

- Imágenes de impedancia eléctrica (EIT)

- Elastografía

- Nuevos tipos de pruebas de imagen óptica.

Para obtener más información sobre estas pruebas, consulte Pruebas de imágenes de mama más nuevas y experimentales .

Tratamiento del cáncer de mama

Siempre se están estudiando nuevos tipos de tratamientos para el cáncer de mama. Por ejemplo, en los últimos años se han aprobado varios medicamentos dirigidos nuevos para tratar el cáncer de mama.

Pero se necesitan más y mejores opciones de tratamiento, especialmente para cánceres como el de mama triple negativo, donde la quimioterapia es la principal opción.

Algunas áreas de investigación relacionadas con el tratamiento del cáncer de mama incluyen:

• Estudiar si los ciclos más cortos de radioterapia para los cánceres de mama en etapas muy tempranas son al menos tan buenos como los ciclos más largos que se utilizan con frecuencia en la actualidad.

• Probar si diferentes tipos de radioterapia, como la radiación con haz de protones, podrían ser mejores que la radiación estándar.

• Combinar ciertos medicamentos (como 2 medicamentos dirigidos, un medicamento dirigido con un medicamento de inmunoterapia o un medicamento hormonal con un medicamento dirigido) para ver si funcionan mejor juntos

• Tratar de encontrar nuevos medicamentos o combinaciones de medicamentos que puedan ayudar a tratar el cáncer de mama que se ha diseminado al cerebro.

- Probando diferentes fármacos de inmunoterapia para tratar el cáncer de mama triple negativo

- Administrar vacunas contra el cáncer con quimioterapia estándar para ver si esto ayuda a evitar que el cáncer regrese después del tratamiento.

- Encontrar nuevas formas de tratar a las mujeres con cáncer de mama hereditario, ya que tienen una mayor probabilidad de que el cáncer reaparezca (regrese)

- Determinar si se necesita quimioterapia para tratar a todas las mujeres con cáncer de mama HER2 positivo

- Encontrar nuevas opciones de tratamiento cuando el cáncer de mama se vuelve resistente a los tratamientos actuales

Cuidados de apoyo

La atención de apoyo ayuda a los pacientes y a los cuidadores a controlar los síntomas del cáncer y los efectos secundarios del tratamiento del cáncer. En ensayos clínicos se están analizando diferentes medicamentos y técnicas para tratar de mejorar la atención de apoyo para las personas con cáncer de mama. Por ejemplo, algunos estudios están investigando:

• Si existen mejores medicamentos o formas de prevenir el daño a los nervios que a veces ocurre con ciertos medicamentos de quimioterapia.

• Si los medicamentos u otros tratamientos podrían ser útiles para limitar los problemas de memoria y otros síntomas cerebrales después de la quimioterapia

• Si se toman ciertos medicamentos para el corazón o la presión arterial, puede ayudar a prevenir el daño cardíaco que a veces causan los medicamentos comunes contra el cáncer de mama, como la doxorrubicina y el trastuzumab.

• 	Si existen medicamentos que podrían ayudar a tratar la sensación de cansancio que puede causar el cáncer

Aspectos destacados de la investigación sobre el cáncer de mama

El programa de investigación de la Sociedad ha desempeñado un papel crucial para salvar vidas del cáncer de mama. Vea ejemplos de nuestra investigación actual.

• 	Escrito por

• 	Referencias

American Cancer Society

De la Serie Rompiendo Estadisticas

"Me Resisto a Caer" Es un libro de emotivas cronicas de supervivientes de cáncer de seno, te embarcaras en un mundo de coraje y determinación. Cada vivencia está empapada de la fuerza y el empuje de superviviencia de mujeres extraordinarias que han desafiado la adversidad con gracia y determinacion. Desde el desconsertante momento del diagnóstico hasta los procesos del tratamiento y la recuperación, estos relatos ofrecen una visión íntima de sus luchas y victorias personales. Te daras cuenta cómo el soporte y el amor de seres queridos, la fe inquebrantable en Dios se convierten en una luz de esperanza en medio de un tunel que es el cáncer de seno. En este libro reflexionaras que, incluso en los desafios más grises, El Espíritu Santo hace que cada ser humano pueda brillar con una luz inapagable.

Cada escrito es un testimonio de la resiliencia de cada persona y un recordatorio de que la supervivencia luego del cáncer puede ser una conmemoracion de la sobrevivencia y la felicidad.

Para presentaciones, conferencias o sesiones de coaching contáctame:

marymilibro@yahoo.com

Si te gusto mi libro o fue de bendición para tu vida recomiéndalo y pon tu reseña en Amazon para que otros al igual que tu puedan ser bendecidos.

Gracias nos vemos en mis siguientes libros.

Made in the USA
Monee, IL
30 October 2023

45444608R00048